COORDENAÇÃO NA CATEQUESE...

Dados Internacionais de Catalogação na Publicação (CIP)
(Câmara Brasileira do Livro, SP, Brasil)

Pupo, Débora Regina
  Coordenação na catequese : sobre o que estamos falando? / Débora Regina Pupo. – Petrópolis, RJ : Vozes, 2020.

  Bibliografia.

  1ª reimpressão, 2022.

  ISBN 978-85-326-6445-7

  1. Catequese – Igreja Católica 2. Catequese – Igreja Católica – Estudo e ensino 3. Catequistas – Educação 4. Educação religiosa da criança I. Título.

20-32741   CDD-268.82

Índices para catálogo sistemático:
1. Catequese : Igreja Católica : Cristianismo 268.82

Iolanda Rodrigues Biode – Bibliotecária – CRB-8/10014

Débora Regina Pupo

COORDENAÇÃO NA CATEQUESE...
SOBRE O QUE ESTAMOS FALANDO?

EDITORA VOZES

Petrópolis

© 2020, Editora Vozes Ltda.
Rua Frei Luís, 100
25689-900 Petrópolis, RJ
www.vozes.com.br
Brasil

Todos os direitos reservados. Nenhuma parte desta obra poderá ser reproduzida ou transmitida por qualquer forma e/ou quaisquer meios (eletrônico ou mecânico, incluindo fotocópia e gravação) ou arquivada em qualquer sistema ou banco de dados sem permissão escrita da editora.

CONSELHO EDITORIAL

Diretor
Gilberto Gonçalves Garcia

Editores
Aline dos Santos Carneiro
Edrian Josué Pasini
Marilac Loraine Oleniki
Welder Lancieri Marchini

Conselheiros
Francisco Morás
Ludovico Garmus
Teobaldo Heidemann
Volney J. Berkenbrock

Secretário executivo
Leonardo A.R.T. dos Santos

Diagramação: Herio Estratégias Visuais
Revisão gráfica: Alessandra Karl
Capa: Ygor Moretti

ISBN 978-85-326-6445-7

Este livro foi composto e impresso pela Editora Vozes Ltda.

Sumário

Apresentação 7

Carta aos leitores 9

Abreviaturas e siglas 11

CAPÍTULO 1 – Chamados a coordenar 13

CAPÍTULO 2 – A missão de coordenar: fazer acontecer....33

CAPÍTULO 3 – Formar para aprender: roteiros de estudo ..45

Referências 64

APRESENTAÇÃO

Com muita alegria apresento este livro da minha amiga Débora Regina Pupo que o escreveu pensando nos(as) coordenadores(as) de catequese, mas também nos(as) coordenadores(as) de pastoral em geral e, principalmente, nos(as) catequistas.

O que é coordenar? Qual o perfil de um coordenador? Qual é o serviço da coordenação? Qual é a importância da formação de catequistas? As respostas a essas perguntas e outras respostas você encontra aqui neste livro.

De forma simples e direta o livro reflete sobre a coordenação na catequese, levando o leitor a passear pelos documentos da Igreja, que nos trazem a compreensão deste tema.

Nos dois primeiros capítulos o livro nos leva ao estudo do tema, nos quais a autora bebe da fonte dos documentos da Igreja, principalmente do Diretório Nacional de Catequece (DNC), e também da Bíblia, que é a fonte principal de qualquer coordenador ou coordenadora dentro da Igreja.

A grande sacada do livro é o capítulo 3, no qual a Débora nos presenteia com quatro roteiros de estudos que nos ajudam a melhor compreender o tema e nos levam a uma vivência pastoral e comunitária dentro da catequese.

Indico a todos a leitura, não só a leitura, mas a utilização deste livro como meio de formação à catequistas e às lideranças de pastorais.

Como diz Débora: "Catequistas e equipes de coordenação efetivem a formação e percebam que estudar é prazeroso e nos ajuda a crescer".

Célio Reginaldo Calikoski
Coordenador da Dimensão Bíblico-catequética
Diocese de União da Vitória
Membro da Equipe Regional Bíblico-
-catequética da CNBB – Regional Sul II

CARTA AOS LEITORES!

Queridos leitores!

Fico feliz em chegar até vocês com este livro. Escrever é sempre uma aventura e, de certa maneira, um diálogo interessante com você leitor. Este é o terceiro livro de uma roda de conversa que se iniciou com o conceito de catequese e, agora, chega aos coordenadores um bonito caminho que construímos até aqui!

Talvez pelo título você pense "isso aqui não é para mim, pois não sou coordenador". Mas eu gostaria de dizer que este livro foi escrito pensando também em você, querido catequista de base; pois o que se pede para um coordenador de catequese é, na verdade, o que se deve pedir a um catequista. Dito de outro modo: só tem sentido o ministério da coordenação se ele for embasado na vocação de catequista.

Espero ajudar você e seu grupo de catequistas a melhor compreender a missão de catequizar. Também desejo que você coordenador, junto com sua equipe, encontre aqui apoio para seu ministério e ajuda para preparar novos coordenadores.

Enfim, desejo que, mais uma vez, este possa ser um instrumento de formação para os catequistas desse imenso Brasil e que possamos continuar falando de catequese em nossas rodas de conversa!

Gostaria de agradecer a duas pessoas: Silvia Maria, minha sobrinha/afilhada, por instigar-me na releitura de *O pequeno príncipe* que tem inspirado minhas reflexões; Celia Maria, minha irmã, por ter escutado, com paciência, minhas primeiras reflexões que deram origem ao texto que agora coloco nas mãos de vocês.

Que Maria nos ajude a sermos, cada vez mais, atentos à voz do seu Filho para fazermos o que Ele nos disser.

Ótima missão a todos nós.

Deus nos abençoe sempre!

Com carinho, Débora Pupo

ABREVIATURAS E SIGLAS

CIgC	Catecismo da Igreja Católica
CNBB	Conferência Nacional dos Bispos do Brasil
DAp	Documento de Aparecida
DGC	Diretório Geral da Catequese
DNC	Diretório Nacional da Catequese
EG	*Evangelii Gaudium*

CAPÍTULO 1

Chamados a coordenar

1.1 Chamados a ser membros ativos na Igreja

Quando falamos de coordenação na catequese logo se pensa: o que um coordenador precisa fazer? Quais seus compromissos e atribuições?

Estas são perguntas sinceras e necessárias. Porém, antes de saber o que fazer, o coordenador deve se perguntar sobre o ser. Sim, é preciso se perguntar quem é o coordenador antes de se descrever seus afazeres. Isso significa que é preciso olhar para a pessoa que é chamada a coordenar a ação catequética em uma comunidade eclesial.

O Diretório Geral para a Catequese (DGC, n. 272) diz que "A coordenação da catequese não é um fato meramente estratégico, voltado para uma mais incisiva eficácia da ação evangelizadora, mas possui uma dimensão teológica de fundo". Essa "dimensão teológica de fundo" pode ser entendida como a vocação do coordenador, e se considerarmos vocação como um chamado, poderemos afirmar que o coordenador é um vocacionado chamado a coordenar.

O Documento de Aparecida (DAp, n. 153) nos diz que "em virtude do Batismo [...] somos chamados a ser discípulos missionários de Jesus Cristo e entramos na comunhão trinitária na Igreja". De acordo com esse número podemos compreender o Batismo como o primeiro chamado que recebemos, nossa primeira vocação: sermos discípulos missionários!

Não é o momento de aprofundar a teologia do Batismo e todo o significado que esse sacramento tem. A chamada aqui é para o fato de que na base de qualquer outra vocação temos o Batismo, ou melhor, temos os sacramentos da Iniciação Cristã. De fato, pelo Batismo, Confirmação e Eucaristia somos inseridos em uma nova dinâmica de vida e em um novo contexto: pertencemos à família de Jesus Cristo que é a Igreja.

Para melhor explicar o que estamos apresentando, podemos citar o Catecismo da Igreja Católica (CIgC), n. 1272-1273: "Incorporados em Cristo pelo Batismo, o batizado é configurado a Cristo. O Batismo sela o cristão com um sinal espiritual indelével de sua pertença a Cristo [...] Incorporados à Igreja pelo Batismo, os fiéis receberam o caráter sacramental que os consagra para o culto religioso". Não se trata de um ritual de magia; porém, sabemos que ao ser batizados somos inseridos em uma novidade de vida.

Ao refletir sobre a vocação dos leigos e leigas a Conferência Nacional dos Bispos do Brasil (CNBB) publicou, em 2015, um documento chamado "Cristãos Leigos e Leigas na Igreja e na Sociedade – Sal da Terra e Luz do Mundo" (Doc. n. 105). Este documento, em seu n. 119, chama o cristão batizado de "sujeito eclesial", isto é, aquele que, mediante sua dignidade de batizado, é maduro na fé, testemunha o amor à Igreja, serve aos irmãos e permanece no seguimento de Jesus. Na escuta obediente à inspiração do Espírito Santo, tem coragem, criatividade e ousadia para dar testemunho de Cristo.

Inspirados pelo n. 119 do documento 105 podemos dizer que a vocação do catequista é a concretização do seu Batismo e, por consequência, a coordenação é um chamado que tem sua origem na própria vocação de catequista. Não podemos desligar essas duas realidades, ou seja: ser coordenador decorre do ser catequista que, por sua vez, está ancorado no ser batizado. Podemos perceber que a ênfase é o "ser", isto é, trata-se da pessoa, não tanto do que ela deve fazer, mas sim do que ela deve ser.

Se quisermos usar a analogia da árvore, podemos dizer que a raiz representa o Batismo, como a seiva que nutre nossa vida e nos garante firmeza. O tronco nos lembra a vocação de catequista, nosso "ser batizado" se concretiza em nosso "ser catequista", assim como o tronco está ligado à raiz e por ela é alimentado. Os galhos e as folhas representam o ministério da coordenação e, embora pareçam "distantes" da raiz, dependem dela e servem como uma espécie de "termômetro" para verificar se a árvore está sadia ou não. Raiz, tronco, galhos e folhas são partes de um mesmo todo; isto é, a árvore. Portanto, ser batizado, ser catequista, ser coordenador são partes de um mesmo todo: ser discípulo missionário de Jesus Cristo!

1.2 O coordenador e o pequeno príncipe: uma viagem inspiradora[1]

Agora eu gostaria de fazer um convite ao leitor para viajarmos com um personagem muito querido na literatura (e já conhecido nosso!) o pequeno príncipe. Vamos lá?

Conta a história que o pequeno príncipe, antes de chegar ao planeta Terra, visita seis planetinhas e encontra seis habitantes muito peculiares que nos ajudarão a aprofundar a compreensão do perfil do coordenador. Na verdade vamos encontrar aspectos que precisam ser trabalhados para que a missão de coordenar seja, cada vez mais, compreendida como serviço e missão.

Então prepare-se para a aventura. Faça como o principezinho: pegue carona na cauda de um cometa e viaje pelo universo!

Mas antes podemos dizer que conhecer esses personagens nos remete à *Evangelii Gaudium* (EG, 2013), do Papa Francisco, mais especificamente quando ele fala das "tentações dos agentes de pastoral". Então nossa aventura nos levará pelo espaço com o pequeno príncipe e pelo documento do papa numa tentativa de, sempre mais, aprofundar a beleza do perfil do coordenador.

---

1   SAINT-EXUPÉRY, Antoine de. *O pequeno príncipe*: com as aquarelas do autor Antoine de Saint-Exupéry. Petrópolis: Vozes, 2015, p. 36-57 [Tradução de Rodrigo Tadeu Gonçalvez].

Antes de olhar mais de perto cada personagem e sua relação com a pessoa do coordenador, vamos conhecer um pouquinho de cada um. Vejamos.

Sabemos que o pequeno príncipe visita os asteroides 325, 326, 327, 328, 329, 330. Em cada um ele encontra um único habitante que podem ser assim apresentados:

O rei: autoritário e totalmente voltado para si; em seu reino não tem espaço para mais ninguém além dele.

O vaidoso: mais um personagem que está tomado de preocupação por si mesmo; todos os esforços são em função de atrair a admiração de quem dele se aproxima.

O bêbado: totalmente sem esperança. Preso em um círculo vicioso: comete o erro para esquecer que errou.

O empresário: este personagem concentra sua atenção nas muitas ideias que tem, porém não tem tempo para mais nada e não consegue estabelecer um diálogo sensato com quem lhe visita.

O acendedor de lampiões: apegado ao regulamento. Sabe que a realidade mudou e sente o seu peso, mas continua fazendo tudo igual.

O geógrafo: sabe que lida com coisas importantes, mas não as conhece, pois não tem tempo para explorar, para se aprofundar e se encantar com as belezas que registra.

Ao conhecer mais de perto esses personagens, podemos identificar algumas "tentações" que podem desviar o coordenador do real sentido de sua vocação. Por isso podemos nos perguntar: *Como seria um coordenador de acordo com esses personagens?* Pois vamos encontrar a resposta!

REI – asteroide 325

Ao chegar no planetinha o príncipe encontrou um rei, que estava vestido de púrpura e arminho. Embora não conhecesse o príncipe, o tratou como súdito, pois para o rei todos os homens eram súditos. Ele ocupava todo o espaço do seu reino e não percebia que não havia ninguém sobre quem reinar, porém se considerava deveras importante.

A tentação do "coordenador rei" é a de ser um coordenador autoritário, que fará valer sua vontade por imposição. Esse coordenador entende a relação com os demais "de cima para baixo", não aceita questionamentos e, quando fala, deve ser obedecido. Não compreende a coordenação como uma missão, como um serviço, antes a percebe como espaço de poder e autoafirmação. Até pode ser sensato ao expor suas ideias, mas compreende sua atuação como alguém que dá ordens que devem ser obedecidas.

Se quisermos desenhar este coordenador o quadro seria o seguinte: Os catequistas sentados em fila e ele à frente, em pé e com o dedo em riste, numa postura de quem ao falar deve ser ouvido e obedecido.

Essa tentação nos recorda o que o papa diz sobre a atitude de alguns agentes de pastoral, embora tenham boas intenções nos trabalhos assumidos, acabam por "se agarrarem a seguranças econômicas ou a espaços de poder e de glória humana que se buscam por qualquer meio, em vez de dar a vida pelos outros" (EG, n. 80).

CAPÍTULO 1 • CHAMADOS A COORDENAR

VAIDOSO – asteroide 326

No segundo planeta, o príncipe encontra um vaidoso que o recebe, e logo pensa: Chega alguém para me admirar! Isso porque para o vaidoso, os outros são seus admiradores. Ele ensina ao príncipe um jogo que, na verdade, é uma maneira para que ele receba aplausos do visitante. Faz de tudo para receber elogios, visto que os vaidosos só ouvem os elogios. Não percebe que é o único no planeta e, mesmo assim, se considera melhor do que os outros.

Aqui a tentação do "coordenador vaidoso" é a de sempre buscar ser o centro das atenções e de toda ação catequética. Seu trabalho é voltado para a busca do destaque, pois ele precisa ser elogiado e admirado por todos, o brilho dos outros não pode ofuscar o seu, ainda que o seu brilho dependa do fato de ofuscar o brilho dos demais. Na verdade, essa atitude revela uma grande insegurança que faz com que o vaidoso não se entenda para além do que faz, ele precisa ser reconhecido. É alguém extremamente criativo, porém suas ideias são em vista da busca de destaque, pois ele é o centro e precisa estar sempre no centro.

O quadro desse coordenador seria um grande círculo dos catequistas e ele "brilhando" em destaque no centro, com todos os olhares voltados para ele. O problema é esquecer que o centro de nosso ministério é Jesus Cristo.

A tentação do vaidoso nos recorda que muitos agentes, não apenas os coordenadores, acabam por cair na ânsia hodierna "de chegar a resultados imediatos que faz com que os agentes pastorais não tolerem facilmente tudo o que signifique alguma contradição, um aparente fracasso, uma crítica, uma cruz" (EG, n. 82).

BÊBADO – asteroide 327

Este é o planeta mais triste que o príncipe visita, tanto que ele não fica muito tempo. O espaço é preenchido por um grande e triste silêncio. O habitante é um bêbado que nem percebe a presença do príncipe, pois está mergulhado na tristeza e solidão, ele bebe para esquecer a vergonha de beber, está preso em um círculo vicioso, não tem ânimo para nada, desistiu.

A tentação do "coordenador bêbado" é aquela de quem já desanimou de tudo. Não tem vontade de ir em busca de saídas, pois estas ameaçam seu silêncio cômodo. Sofre de um saudosismo meloso e de uma apatia espiritual. Na verdade, é o coordenador quem descuidou da intimidade com o Mestre e se encontra mergulhado em tristeza.

O quadro desse coordenador seria de alguém com os ombros caídos, o rosto triste, os olhos sem brilho, daria a impressão de estar arrastando a si e aos catequistas.

Este personagem é o mais triste, ele não encontra a motivação para sair de sua situação. Comparado com o agente de pastoral, podemos dizer que ele acabou por se desiludir com a realidade e vive em uma tristeza melosa, sem esperança. É preciso cuidar para não cair em "coisas que só geram escuridão e cansaço interior e corroem o dinamismo apostólico" (EG, n. 83).

CAPÍTULO 1 • CHAMADOS A COORDENAR

EMPRESÁRIO – asteroide 328

No quarto planeta, o pequeno príncipe encontra um homem muito ocupado, nem sequer levanta a cabeça para recebê-lo, implica que o visitante o está distraindo de seus importantes negócios. É um homem rico, importante. Qual sua riqueza? Ele possui as estrelas, pois teve a ideia de registrá-las, por isso precisa contar, escrever o número das estrelas que tem e guardar o papel no cofre do banco; por tudo isso ele se considera rico. Porém, não sabe dizer em que lhe é útil possuir as estrelas. É importante destacar que o empresário está preocupado com o número das estrelas e não com o seu brilho.

A tentação do "coordenador empresário" é a de se perder no ativismo, precisa sempre estar em ação. É um coordenador muito dinâmico, sempre cheio de ideias, porém não tem clareza do que fazer com as ideias. Está sempre em busca de dinâmicas para os catequistas, catequizandos, famílias, porém falta o embasamento teórico. Não consegue dividir os trabalhos, pois entende que a missão é dele e ele deve dar conta. Muita gente pode atrapalhar sua concentração. O coordenador empresário se preocupa mais com a quantidade, com os números do que com a qualidade daqueles que lhe são confiados.

O quadro desse coordenador seria o de alguém sempre em movimento, procurando atender todas as necessidades, porém extremamente cansado e, muitas vezes, vazio.

Aqui vemos um agente de pastoral muito ocupado, com muitas coisas para fazer, com muitas ideias para serem concretizadas, mas atenção: é preciso cuidado para que as muitas atividades não acabem por levar ao desânimo. Na verdade, a questão aqui é o perigo do ativismo, onde as muitas atividades acabam sendo "mal vividas, sem as motivações adequadas, sem uma espiritualidade que impregne a ação e a torne desejável. Daí que as obrigações cansem mais do que é razoável, e às vezes façam adoecer" (EG, n. 82).

CAPÍTULO 1 • CHAMADOS A COORDENAR

ACENDEDOR DE LAMPIÕES – asteroide 329

No quinto planeta, encontramos um acendedor de lampiões. Para o príncipe esse é o primeiro trabalho útil que ele encontra, visto que o acendedor não está preocupado consigo mesmo. Porém, a dificuldade que se apresenta é que o habitante do planeta apenas segue o regulamento que é para ser seguido e não compreendido: ele deve acender e apagar o lampião!

Temos aqui um dado que precisa ser levado em consideração: o acendedor sabe que a realidade mudou, mas o regulamento não. Ele continua acendendo e apagando a chama do lampião, mas o planeta gira cada vez mais rápido e ele não tem um minuto de descanso. O pequeno príncipe tenta lhe ajudar, porém ele não aceita a sugestão e continua em sua cansativa atividade. Isso deixa o principezinho triste, pois este foi o único planeta em que ele sente que pode encontrar um amigo, mas o acendedor não tem tempo para cultivar uma amizade.

A tentação do "coordenador acendedor de lampiões" é aquela de quem perceberá as mudanças, mas não será capaz de tomar a decisão de mudar. Reclama que está cansado, que a catequese como está não convence mais ninguém, porém sempre que lhe apresentam possibilidades de mudança ele se fecha e permanece na mesmice que está acostumado.

O quadro aqui transpareceria rigidez ainda que em movimento. Uma pessoa que vai sempre em frente, que é sim ou não, tem dificuldade para ver outras possibilidades ou outros tons, pois seguirá reclamando que está cansado e que as normas devem ser cumpridas, ainda que não se entenda ou saiba que não dão certo.

Este personagem nos chama atenção para o perigo de nos fixarmos em um rigorismo sem fundamento, ou apenas se apegar no dever de fazer, repetindo sempre o que se tem que fazer, sem atenção à razão. Não se trata de relativizar, mas é preciso cuidar para que não caiamos na tentação da "sensação de derrota que nos transforma em pessimistas lamurientos e mal-humorados, desencantados" (EG, n. 85).

CAPÍTULO 1 • CHAMADOS A COORDENAR

GEÓGRAFO – asteroide 330

    O sexto e último planeta visitado antes de chegar à Terra é o maior que o príncipe visita. Um planeta que parece conter certas belezas e riquezas naturais. Aqui ele encontra um sábio, sentado em uma mesa com grandes livros ao alcance das mãos. O homem aparenta uma certa idade e não se dá conta da chegada do pequeno príncipe; quando o vê, pensa ser ele um explorador. Então conhecemos quem é o habitante do sexto planeta: um geógrafo.

Aqui, a dificuldade é que o geógrafo não conhece o que registra; ele não é explorador, ele apenas anota o resultado que os exploradores lhe trazem. Ele não se dá conta que não existe mais ninguém em seu planeta, pois fica lá a espera que lhe tragam dados e notícias de novas descobertas.

Outro dado estranho é o fato de que o geógrafo não registra efemeridades, ou seja, não se interessa por coisas que podem desaparecer. Registra coisas eternas, mas não as conhece, pois, explorar é perder tempo.

A tentação do "coordenador geógrafo" é a de, apenas, saber que ensina sobre as "coisas eternas", mas não conhece o que ensina. Será aquela pessoa que não sabe lidar com o efêmero, isto é, não saberá lidar com a humanidade, nem a sua, nem a dos catequistas, por isso parece demonstrar falta de humanidade. Essa tentação leva o coordenador a realizar um serviço vazio de espiritualidade.

O quadro aqui é de uma pessoa muito sábia, que acumula conhecimentos, mas não consegue transmitir de maneira que outros possam compreender e crescer em sua missão de catequizar.

Esse personagem nos ajuda a refletir sobre o risco de cair em um exibicionismo "da liturgia, da doutrina e do prestígio da Igreja, mas não se preocupa que o Evangelho adquira uma real inserção no povo fiel de Deus e nas necessidades concretas da história" (EG, n. 95).

Depois dessa viagem, até podemos nos perguntar: Então qual, afinal, é o perfil do coordenador? Para responder a essa pergunta vamos nos aproximar do Diretório Nacional de Catequese (DNC), pois ele tem algo a nos dizer!

1.3 O perfil do catequista como inspiração para o perfil do coordenador

O Diretório Nacional de Catequese, ao tratar do ser do catequista, apresenta um perfil que tem sua base em Jesus Cristo: Mestre e Servidor. O itinerário de formação deve ajudar os chamados ao ministério da catequese a desenvolver habilidades importantes para o exercício de sua missão. O DNC não descreve o perfil do coordenador, no entanto, se entendermos que o coordenador é antes de tudo catequista, então o perfil apresentado pelo Diretório pode ser aplicado também ao coordenador, catequista dos catequistas.

Vamos ver o que o DNC nos revela sobre o perfil do catequista e como ele pode inspirar o perfil do coordenador?

COORDENAÇÃO NA CATEQUESE... SOBRE O QUE ESTAMOS FALANDO?

DNC 262-268	INSPIRAÇÃO PARA O COORDENADOR
1. Pessoa que ama viver e se sente realizada – O catequista é uma pessoa que se sente feliz com a vida. Reconhece que ser catequista é assumir corajosamente seu Batismo e vivê-lo na comunidade cristã.	Pensando no coordenador, podemos dizer que ele é alguém que sabe o grande presente que recebeu de Deus e quer partilhar com os demais seus dons e a beleza de viver. Reconhece que coordenar é uma missão que nasce da vocação de catequista.
2. Pessoa de maturidade humana e equilíbrio psicológico – O catequista sabe que a vida tem seus desafios e se apresenta como um desafio. Porém não desanima e segue em frente na certeza de que entre erros e acertos vai construindo sua própria história de vida.	O coordenador precisará lidar com situações de conflitos e problemas, que exigirão uma postura madura e equilibrada. Por isso, ao colocar-se diante de catequistas, pais e responsáveis, catequizandos e comunidade em geral, o coordenador saberá acolher e amar, sem confundir os papéis; ciente da sua missão, sem deixar-se levar com facilidade ao desânimo.
3. Pessoa de espiritualidade, que quer crescer em santidade – Todo batizado é chamado à santidade, por isso o catequista, cada vez mais, sente-se chamado a colocar-se na escola do Mestre e fazer com Ele uma experiência de vida e de fé.	O modelo para o coordenador é Jesus Cristo em sua missão de Pastor. Por isso o coordenador precisa cuidar de sua espiritualidade por meio do cultivo da vida de oração, do contato com a Palavra, alimentando-se por meio dos Sacramentos da Eucaristia e da Reconciliação.
4. Pessoa que sabe ler a presença de Deus nas atividades humanas – É preciso cultivar um olhar atento, de quem sabe ver na experiência humana a presença de Deus que deseja construir história em nossa história.	Para o coordenador saber ler a presença de Deus é ter a sensibilidade de olhar para a realidade que o cerca com a mente e o coração abertos. Isto não se trata de ceder ao fatalismo do "tudo é vontade de Deus", mas buscar a integração fé e vida. Reconhecendo a presença de Deus na sua comunidade eclesial e social.

5. Pessoa integrada no seu tempo e identificada com sua gente – Cada catequista assumirá melhor sua missão à medida que conhecer e for sensível à defesa da vida e às lutas do povo.

Quem assume a missão de coordenar, não pode se desligar do contexto em que vive. Não pode ceder à tentação de ficar apenas com as coisas eternas (como fazia o geógrafo) e esquecer que nossa gente tem anseios, dificuldades e alegrias que devem ser levados em conta na missão.

6. Pessoa que busca, constantemente, cultivar sua formação – Cada vez se torna mais urgente a necessidade de compreender o catequista como uma pessoa que está em processo de crescimento e de aprendizado e para isso se torna necessário assumir a formação com responsabilidade e com perseverança.

Assim como o catequista também o coordenador precisa buscar a formação como cultivo pessoal e também para melhor desempenhar sua missão de coordenar. O chamado requer preparo constante, atenção ao magistério da Igreja e conhecimento, ainda que básico, de técnicas de ensino para que a catequese seja dinâmica e vivencial.

7. Pessoa de comunicação, capaz de construir comunhão – É importante que o catequista reconheça a Igreja como sua família e identifique nos demais catequistas amigos de caminhada, por isso é preciso estar atento a pequenos gestos que alimentam relacionamentos positivos.

O coordenador é chamado a promover a unidade entre os catequistas. Por isso ele precisa ser uma pessoa capaz de construir comunhão, ter experiência de vida de comunidade, reconhecer-se como irmão de caminhada que se coloca à frente sem esquecer que está ali para servir a exemplo do Mestre Jesus.

Não podemos esquecer que nosso modelo é Jesus Cristo em sua missão de Pastor e Mestre, por isso, como discípulos-missionários, nosso desafio é cultivar nossa amizade com Ele para que nos ensine a servir. Coordenar é um serviço, mas também é resposta a um chamado que nasce com nosso Batismo e se concretiza na doação de quem está à frente, mas sabe se reconhecer tão peregrino quanto os que lhe são confiados através do ministério da coordenação.

CAPÍTULO 2

A missão de coordenar: fazer acontecer

2.1 A missão de coordenar

Agora vamos nos concentrar nas atribuições da coordenação. Como falamos no início do capítulo anterior, essa é a primeira preocupação quando se convida alguém para assumir essa dimensão tão importante na ação catequética, a pergunta que logo surge é: "Afinal, o que eu devo fazer?" Porém, é preciso cuidado para que não seja apenas um ativismo ou mera organização institucional.

Quando falamos de equipes de coordenação nunca é demais enfatizar que se trata de uma tarefa importante para o bom êxito da ação catequética. Trata-se de um serviço prestado à Igreja e que envolve, em muitos casos, trabalho voluntário que demonstra a consciência de homens e mulheres que se sentem chamados a servir a Igreja.

No contexto atual da catequese, impulsionada pela reflexão da Iniciação à Vida Cristã, se torna cada vez mais necessário o trabalho das equipes de coordenação, pois não podemos pensar a atividade catequética sem cuidado e planejamento, não se pode "deixar acontecer".

É justo que nos perguntemos sobre as atribuições da coordenação, mas antes é importante insistir na necessidade de compreender a estrutura organizativa da catequese como um trabalho em equipe e que faz parte da própria organização da Igreja local. Ainda que seja mais comum se pensar em apenas uma pessoa que assume a função de coordenar, os documentos e a prática de muitas dioceses têm apresentado a compreensão de um processo organizativo, pensado e realizado em equipe. Por isso mesmo, onde se tem o costume de nomear uma única pessoa para essa tão importante missão, o coordenador é chamado a formar uma equipe. Ainda que essa não seja exigida ou explicitamente nomeada, pois a compreensão do trabalho em equipe ajudará a perceber que coordenar vai além de estabelecer datas e propor atividades, as equipes serão responsáveis por organizar e ajudar a catequese acontecer.

Outro dado a ser considerado é o fato de que a organização da catequese "está unida à consciência evangelizadora da Igreja, à situação missionária do cristão no mundo e ao reconhecimento do caráter comunitário como elemento fundamental da catequese" (LÒPEZ, 2004, p. 837). Por isso a coordenação pode ser apresentada como resposta à necessidade de organização em vista de uma caminhada coerente e unitária.

2.2 Características do serviço da coordenação

Primeiramente, é preciso destacar a dimensão cooperativa da ação de coordenar, pois não se pode esquecer que estamos falando de uma ação coletiva em vista de um objetivo comum. A pessoa que coordena a ação catequética em uma comunidade precisa desenvolver a sensibilidade para descobrir pessoas que possam contribuir na organização do processo catequético, buscando compreender o que cada catequista pode oferecer.

A missão de coordenar se assemelha à missão de pastorear, pois quem coordena é chamado a conduzir, orientar, encorajar. Quando se fala em encorajamento se pensa tanto nos catequistas como no catequizando, pois ambos precisam ser incentivados ao longo do caminho.

Coordenar também tem um caráter relacional, pois "exercer o ministério da coordenação é gerar vida e criar relações fraternas" (DNC, n. 316). Para que isso aconteça é preciso promover o diálogo, a convivência e a partilha entre os catequistas tendo em vista o crescimento da comunidade em que é chamado a servir.

É possível apresentar três verbos que nos ajudam a compreender melhor a missão da coordenação: articular, cuidar e promover.

VAMOS OLHAR MAIS DE PERTO PARA CADA UM?

- *Articular:* a articulação acontece tanto dentro da catequese como fora. Isso quer dizer que a coordenação será articuladora internamente quando contribui para que a catequese caminhe em unidade, quando as várias etapas que integram o processo se harmonizem e que as diversas atividades realizadas no ano catequético contribuam para a aproximação de catequistas, catequizandos, famílias e comunidade. Outra dimensão da articulação é quando a catequese, enquanto pastoral, busca parcerias com outras pastorais e movimentos, ou seja, é quando consciente de que não caminha sozinha a coordenação ajuda a pensar a catequese dentro do plano pastoral da comunidade em que está inserida.

- *Cuidar:* ser responsável por coordenar a catequese não é apenas se preocupar com calendários e atividades, mas é preciso também uma atitude de cuidador, ou seja, quem coordena tem a responsabilidade de cuidar do grupo de catequista do qual é responsável. É preciso despertar a sensibilidade para compreender as necessidades urgentes da catequese e estar atento para o desgaste do grupo. Aqui é preciso dizer que para cuidar do outro é preciso cuidar de si em primeiro lugar, por isso quem coordena precisa ter atenção para não se sobrecarregar de atividades. Quem coordena é chamado a olhar para o grupo de catequistas com atenção voltada para a pessoa, aprender a compreender e perceber as necessidades e as possibilidades de ir em busca de soluções e melhores caminhos na resolução de problemas e conflitos.

- **_Promover:_** coordenar é também pensar ações que concretizem a catequese nas comunidades. Por isso é missão da coordenação: pensar iniciativas que levem os catequistas a ter mais convicção e comprometimento; favorecer a aproximação da catequese com a família; oferecer meios para que catequistas e catequizandos sintam-se motivados para percorrer o itinerário catequético até o seu fim.

Pois bem, esses três verbos nos ajudam a perceber que o serviço da coordenação na catequese não é uma estrutura burocrática que deve funcionar em vista da eficiência de um projeto. Antes se trata de uma missão que brota da própria vocação batismal, por isso o maior desafio é se tornar uma coordenação "missionária, inserida na comunidade, formadora de atitudes evangélicas, comprometida com a caminhada da catequese e com as linhas orientadoras da diocese" (DNC, n. 317).

Ainda sobre as características do serviço de coordenar é possível dizer que a coordenação precisa:

- Assumir essa responsabilidade como missão.
- Buscar entender o significado do serviço que é chamado a prestar;
- Suscitar vida entre as pessoas e incentivar os catequistas.

- Cultivar olhar atento para a realidade em que se insere a catequese.
- Compreender seu serviço dentro do amplo contexto da missão evangelizadora da Igreja.
- Promover a comunicação entre as diversas instâncias e cuidar para que a catequese caminhe em harmonia com a comunidade em que se insere.
- Compreender-se em constante processo formativo e buscar meios para que os catequistas tenham acesso a formação.
- Desenvolver a sensibilidade para favorecer a contribuição dos catequistas, catequizandos e famílias no processo catequético.
- Preocupar-se com seu desenvolvimento e treinar técnicas de trabalho em grupo, bem como se preocupar com a resolução de conflitos dentro de um espírito de serviço.
- Ser ponto de referência e comunicação.
- Fortalecer-se espiritualmente e abrir-se à ação da graça divina para fortalecer suas ações.
- Entender que o foco não é o ativismo, mas sim o desejo sincero de ajudar para que o processo catequético se desenvolva de maneira orgânica.

O ministério da coordenação é de extrema importância para o bom desenvolvimento da catequese, por isso que é preciso atenção nas várias instâncias de organização pastoral, a saber: paróquia, diocese, regional e nacional. E a justificativa para tal organização é o fato de que "a missão catequética não se improvisa e nem fica ao sabor do imediatismo ou do gosto de uma pessoa" (DNC, n. 319). Por isso "a catequese precisa de uma organização apropriada para responder às situações e realidades diversificadas das comunidades e integrada na pastoral orgânica, para evitar a dispersão de forças" (DNC, n. 320).

Podemos perceber o quanto a coordenação é importante e necessária dentro da organização catequética de uma paróquia ou diocese.

Precisamos pensar a ação catequética dentro da dimensão pastoral da Igreja, por isso o serviço da coordenação requer pessoas bem preparadas que assumam o trabalho de organizar e dinamizar os trabalhos catequéticos.

2.3 Atribuições do serviço de coordenar

Já falamos que, quando se pensa em coordenação, primeiro se pergunta o que devemos fazer. Pois bem, agora é o momento de nos dedicarmos a responder essa pergunta!

O ministério da coordenação tem tarefas específicas, mas antes é preciso dizer que na realidade brasileira a organização catequética se dá nos seguintes níveis: paroquial, diocesano, regional e nacional. Desses quatro níveis vamos nos concentrar em dois: paroquial e diocesano.

Coordenação paroquial

A catequese na paróquia tem como primeiro responsável o pároco que delega a responsabilidade de coordenar a ação catequética a um grupo de catequistas por ele escolhido e que, em sintonia com ele, irão responder pelas iniciativas de dinamização da catequese.

Uma primeira preocupação da equipe de coordenação paroquial é estabelecer objetivos, planos de ação, preocupar-se com a organização catequética pensando o ano catequético como um conjunto de ações interligadas para que catequese, família e comunidade possam desenvolver um trabalho harmonioso e interligado.

A primeira necessidade pode parecer apenas de ordem organizativa; ou seja, inscrições, divisão de grupos, estabelecer horários, elaborar calendários. No entanto, a visão de quem coordena deve ir mais longe: a pessoa, ou equipe responsável pelo serviço de coordenação, tem a missão de favorecer o processo orgânico e sistemático da catequese por meio de uma organização que envolva reunir a representação de catequistas, famílias e comunidade.

Diante disso, pode-se afirmar que, quando um coordenador assume a missão de coordenar, independente se é paróquia, diocese, regional ou nacional, uma primeira preocupação deve ser a de formar uma equipe de coordenação; ou seja, procurar pessoas que possam contribuir com o processo de organização. No caso da paróquia devem ser catequistas que representem as várias etapas de catequese, como também as comunidades que compõe a paróquia, seja no âmbito urbano como no rural.

Dentro do processo de Iniciação à Vida Cristã apresenta-se a necessidade de inserir a catequese dentro do amplo contexto pastoral da comunidade em que ela está inserida, por isso a equipe de coordenação paroquial é também chamada a articular a pastoral de conjunto no sentido de buscar parcerias com as pastorais e movimentos para melhor realizar sua missão.

É importante destacar a necessidade de formar uma equipe de coordenação, pois essa equipe irá ajudar o responsável por coordenar a viabilizar projetos para que a catequese não se limite aos encontros semanais somente com os catequizandos; ou seja, pensar formação com as famílias, envolver a pastoral no processo formativo etc.

Uma atribuição muito importante para a equipe paroquial é pensar a formação dos catequistas e, nesse caso, é preciso um bom planejamento formativo, ou seja, a equipe paroquial é a primeira responsável por favorecer a formação dos catequistas na base. Quando se fala em formação, não se pensa apenas em momentos formativos para grandes grupos, mas se trata de um trabalho de elaboração de um planejamento que se preocupe com os catequistas que iniciam no ministério e com os que já estão caminhando, ou seja, é preciso pensar a formação inicial e permanente dos catequistas.

COORDENAÇÃO NA CATEQUESE... SOBRE O QUE ESTAMOS FALANDO?

Ainda dentro da dimensão formativa é válido lembrar que não se trata apenas de transmitir conteúdo doutrinal; na verdade o itinerário formativo deve contemplar também a dimensão espiritual e experiencial dos catequistas. Com isso queremos dizer que a formação precisa ser integral, favorecendo que o catequista reze, estude, contemple e partilhe. Para isso é preciso planejar tempo e conteúdo.

Também é responsabilidade da equipe paroquial pensar o diálogo da catequese com as famílias, e aqui é preciso superar a ideia de reunião de pais para passar recados. Na verdade, a formação das famílias precisa ser uma prioridade da catequese paroquial tão importante quanto a formação dos catequistas.

Não podemos nos esquecer de que a coordenação paroquial tem o compromisso de caminhar em unidade com a diocese, buscando, da melhor maneira possível, orientar os catequistas, de acordo com as linhas de ação estabelecidas pela diocese. E isso para que possa haver um caminho de unidade e harmonia, não se esquecendo das particularidades de cada realidade.

Coordenação diocesana

Se na paróquia o primeiro responsável é o pároco, claro que na diocese o primeiro responsável pela catequese será o bispo. Também nesse nível encontramos a necessidade de uma equipe de coordenação que, indicada pelo bispo, será responsável por pensar a catequese na diocese.

No nível diocesano o trabalho será realizado, preferencialmente, com as coordenações paroquiais. O trabalho envolverá os coordenadores como meio mais eficaz de alcançar as paróquias.

Ficará a cargo da equipe diocesana a organização da catequese na diocese, mas a maneira como tal responsabilidade se desenvolve é diferenciada, não se trata mais de estabelecer calendários com datas e atividades, mas de apresentar às paróquias orientações para o desenvolvimento das atividades, tais como: indicação da idade de início na catequese, a duração do itinerário catequético, subsídios a serem usados por catequistas e catequizandos.

A formação oferecida em nível diocesano terá três direcionamentos principais: pensará a formação para as equipes paroquiais; será uma instância de aprofundamento para a formação recebida na paróquia; favorecerá a formação de formadores para que possam ajudar nas paróquias.

Também compete à coordenação diocesana oferecer às paróquias sugestões, orientações a materiais para a formação. Para conseguir isso a coordenação diocesana precisará de momentos de estudo e reflexão tendo por base os documentos da Igreja, principalmente os que tratam da catequese, para que se possa oferecer uma contribuição sempre atualizada para as paróquias.

2.4 A importância da coordenação na formação com catequistas

Quando falamos de formação com catequistas temos consciência de que, em muitos lugares, esse é um aspecto da missão catequética que alguns não compreendem, pois ainda encontramos quem pense ser desnecessário estudar, ou aqueles que já "estão a tanto tempo na catequese" que já consideram saber o que devem buscar saber.

No entanto, é preciso encarar esse desafio com coragem e responsabilidade. Por isso a formação deve ser prioridade para as equipes de coordenação, mesmo diante de desafios, ou até mesmo diante da pouca adesão do grupo de catequistas, não se pode deixar de insistir na urgência de bons planejamentos formativos.

Ao falar de formação é preciso ter presente a pessoa do catequista em seu todo, ou seja, é necessário se preocupar com a doutrina, a metodologia, mas também com a espiritualidade. O DNC, nos n. 252-293, apresenta três dimensões: o Ser, o Saber e o Saber Fazer, que correspondem à pessoa do catequista, seus conhecimentos e as metodologias que lhe ajudam a desenvolver sua missão. Não é o momento de aprofundar sobre essas dimensões, porém, sendo a formação umas das prioridades da equipe de coordenação, é justo que prestemos um pouco mais de atenção a esse aspecto.

Se nos perguntarmos qual o objetivo da formação, podemos responder que ela visa favorecer o crescimento dos catequistas, capacitá-los para melhor desenvolver sua missão, ajudá-los na busca de maturidade na fé e dar condições para que, embasados na doutrina, eles possam catequizar com convicção e verdade.

Em relação à pessoa do catequista nos é apresentado, pelo DNC n. 261-268, o perfil do catequista, que refletimos no primeiro capítulo. Esse perfil refere-se à dimensão do ser, ou seja, olha para a existência de cada um e apresenta o ideal que ele é chamado a buscar em sua vida e missão.

Quanto ao saber do catequista, ou seja, os conteúdos de sua formação, o DNC no n. 269, apresenta os principais temas que a formação deve contemplar:

- Suficiente conhecimento da Palavra de Deus.
- Conhecimento dos elementos básicos que formam o núcleo de nossa fé.
- Familiaridade com as ciências humanas.
- Conhecimento das referências doutrinais e de orientação para nossa fé e vida.
- Conhecimento suficiente da pluralidade religiosa.

- Conhecimento das mudanças que ocorrem na sociedade.
- Conhecimento da realidade local.

Ainda sobre a dimensão do Saber é preciso dizer que a preocupação não deve ser apenas com a transmissão de conteúdo, é preciso pensar em uma dinâmica formativa que contemple o catequista como um todo e o leve a interiorizar os conhecimentos adquiridos e transformá-los em vida.

Já a dimensão do Saber Fazer diz respeito às práticas metodológicas escolhidas pela catequese para alcançar seus objetivos. É preciso oferecer formações para os catequistas a fim de que eles possam se familiarizar com materiais, técnicas e práticas que possam dinamizar a catequese sem que ela perca sua dimensão e sua profundidade.

Atualmente, a Iniciação à Vida Cristã tem desafiado a catequese a se reinventar. Não podemos cair na tentação de sermos como o acendedor de lampiões, que o pequeno príncipe encontrou e que tinha consciência da necessidade de mudança em seu método de trabalho, mas que nada fazia para melhor se adaptar. A formação metodológica na catequese nos ajuda a, sempre mais, descobrir diferentes maneiras de transmitir a fé e de ajudar catequizandos e suas famílias a crescerem na fé.

Os primeiros responsáveis pela realização desse processo formativo são os coordenadores da catequese, pois é da coordenação que devem partir as propostas, iniciativas e incentivos para que a formação aconteça. Podemos dizer que o coordenador é chamado a ser formador não significando que ele deva assumir sozinho a formação dos catequistas. Antes, compete a ele instigar o desejo de buscar conhecimentos, de crescer espiritualmente e de se renovar nas metodologias e práticas catequéticas; como também, observar quais são as necessidades do grupo de catequistas.

Se a formação é importante para os catequistas, também o é para quem coordena, pois para termos catequistas bem formados é preciso termos coordenações atentas que compreendam a formação como um processo de crescimento e atualização.

CAPÍTULO 3

Formar para aprender: roteiros de estudo

No capítulo anterior foi destacado que uma das atribuições da coordenação de catequese é o processo formativo de catequistas. Mas é preciso dizer também que se deve pensar em formar futuros coordenadores, ou seja, catequistas que possam auxiliar no ministério da coordenação e compreender o coordenar como um serviço à Igreja.

Diante dessa certeza, o que propomos neste capítulo são roteiros de estudo para que catequistas e equipes de coordenação efetivem a formação e percebam que estudar é prazeroso e nos ajuda a crescer.

Para melhor ajudar na realização dos estudos apresentamos algumas dicas importantes:

- A proposta deste capítulo é oferecer uma Leitura Orante e três roteiros de estudo para ser desenvolvido com catequistas e equipes de coordenação.
- Propomos que sejam quatro momentos de estudo diferentes.
- Os próprios catequistas podem coordenar estes estudos.
- O material de apoio para os momentos de estudo são os capítulos 1 e 2 deste livro e também o Diretório Nacional de Catequese.

ROTEIRO 1
LEITURA ORANTE – A MISSÃO DE COORDENAR

Observação: Este roteiro não seguirá propriamente um capítulo do livro, mas pretende ser uma preparação para os demais. É importante que se realize esse momento conforme os passos indicados no desenvolvimento do estudo.

Leitura Orante
Ex 18,13-26

Começando a Leitura Orante: Colocar uma música-ambiente que possa favorecer o silenciamento. Pedir que deixem marcado o texto bíblico Ex 18,13-26.

Orientar para que não deixem muita coisa sobre a cadeira, de preferência apenas a Bíblia. Desligar os celulares, sentar de uma maneira confortável, fechar os olhos se desejar.

PRIMEIRO PASSO: Pacificação interior (com música-ambiente). Orientar para tomarem consciência do espaço, do ambiente, sentir a própria presença, sentir o próprio corpo, "passear" pelo seu interior e encontrar-se com seus sentimentos, silenciar a mente e o coração, pacificar o próprio corpo, interiorizar a paz e o desejo de colocar-se em oração.

SEGUNDO PASSO: Invocação ao Espírito Santo. Primeiro momento da oração pessoal (ainda com música-ambiente) invocar a presença, o auxílio do Espírito, sua Luz iluminadora que nos guiará neste caminho de oração. Pedir que Ele nos tome pela mão e nos conduza ao encontro da graça divina que nos espera na Palavra. Faça uso de suas próprias palavras e invoque o Espírito, peça seu auxílio neste momento, peça sua unção, peça sua presença.

TERCEIRO PASSO: Pedir perdão a Deus e também perdoar. A Leitura Orante é um caminho que se aprofunda em cada passo dado. Pacificaremos agora nossos sentimentos e por que não também nossos ressentimentos?

É o momento de pedir perdão. De colocar-se humildemente diante do Senhor que é misericórdia e amor. Quais os motivos que precisamos pedir perdão? Quais os ressentimentos que provocamos? Quais pecados cometemos? O que preciso deixar para apresentar-me ao Senhor neste encontro pacificado? Faça sua oração! O Senhor nos conhece e está conosco, oremos em paz e na paz! (Momento de silêncio com música-ambiente.) Este é o momento de perdoar também, de jogar este fardo pesado fora, de abrir as feridas diante de Jesus e deixá-lo deitar o azeite da paz e do amor, da cura. Peçamos a força, peçamos a ajuda dele para que possamos perdoar. (Silêncio com música--ambiente, deixar um momento de oração pessoal.)

QUARTO PASSO: Ler atentamente, lentamente, o texto escolhido (Ex 18,13-26): o momento é de silêncio, de leitura atenta, repetida. Vamos ler com os olhos, prestar atenção amorosa ao texto que temos diante de nós. (Uma vez a leitura é feita em voz alta, depois deixar música-ambiente no tempo de reler duas ou três vezes o texto, sem pressa.)

QUINTO PASSO: Imaginar o cenário apresentado pelo texto. Esse é o momento de "ler com a imaginação". Trata-se de criar na mente as imagens do que foi lido. É o momento de ler com a imaginação, reconstruir o que nossos olhos acabaram de ler... Imaginemos o povo no deserto, as tendas, o dia que amanhece... Moisés que senta-se diante de sua tenda, o povo diante dele, os problemas aos quais Moisés é chamado a tomar conhecimento e expressar a sua sentença, as questões apresentadas e que exigem julgamento... Imaginemos o dia que passa, as pessoas sofridas que chegam e despejam os seus problemas. Moisés que, com paciência, os escuta... o dia passa... Ao longe temos um espectador que acompanha tudo. É Jetro, sogro de Moisés, que o observa em seu trabalho. Após encerrar o dia, Jetro aproxima-se de Moisés e o questiona: O que estás fazendo?

Imaginemos a expressão cansada de Moisés e a expressão um tanto admirada de Jetro, o tom quase que de reprovação de sua voz. Imaginemos a conversa dos dois. Também somos espectadores! Estamos construindo as imagens em nossa mente. Depois que Moisés responde, qual é a colocação de Jetro? Que conselho ele deu a Moisés? O que o sogro orienta o genro a fazer? Qual é a atitude de Moisés? Como ele reage diante da proposta de Jetro? Importante lembrar que não se trata apenas de imaginar as cenas, mas também a expressão dos personagens!

SEXTO PASSO: Inserir-se no cenário, tornando-se um dos protagonistas: este é um momento extraordinário para o orante. Após ler, reler e ter lido o texto, também com a imaginação, o orante já dispõe de familiaridade para inserir-se no cenário como um dos participantes. Sem medo, sem pretensões de grandezas, coloquemos-nos no texto. Vamos transpor nossa vida para dentro da Palavra.

O texto é do AT, fala de Moisés, de Jetro, de realidades que antecedem a chegada de Cristo. Mas a Palavra é atemporal, não se limita à medições cronológicas. Ela é Kayrós! É o tempo de Deus! É a revelação do Pai que em Cristo Jesus encontra sua plenitude. Por isso coloquemo-nos no texto: somos catequistas, coordenadores, leigos e leigas engajados no serviço do Reino, temos tantas tarefas, tantos compromissos. Seria exagero colocar-nos no lugar de Moisés? Seria muita pretensão nos vermos como mensageiros de Deus para seu povo? Seria orgulho nos vermos como guias e pastores? Não acredito que seja! Por isso nos coloquemos no lugar de Moisés, ele passava o dia julgando questões do povo.

E nós? Quais atividades que mais nos consome tempo e energia? Quais os compromissos, quais deveres temos? Qual nossa missão? Vamos nos inserir neste texto, trazê-lo para nossa vida! Quais as pessoas que se aproximam de nós? O que nos pedem? O que precisam e por vezes exigem? Como nos sentimos? O texto não é protagonizado apenas por Moisés, Jetro tem papel fundamental: ajuda Moisés perceber que do jeito que está não é possível continuar! Quem representa Jetro em minha vida e missão? Quais situações precisam que eu olhe com os olhos de Jetro? Escutemos o que o Senhor nos quer falar... (Momento de silêncio... música-ambiente.)

SÉTIMO PASSO: Minhas palavras de adesão, meu propósito! Chegamos ao momento culminante da leitura: o orante se coloca diante do Senhor para falar, para rezar. Embora no texto não apareça figura divina, estamos diante do Divino, estamos na companhia do Filho que nos indica como melhor servir ao Pai: fonte de toda missão. Jesus é o caminho do encontro com o Pai; estar com Ele é estar com o Pai, encontrar-se com Ele é encontrar-se com o Pai! Moisés era o enviado do "Eu Sou Aquele que Sou", do Deus de Abraão, Isaac e Jacó! Jesus é o Filho, o enviado do Pai Eterno, e Ele está ao nosso lado agora. É com Ele que vamos falar.

O que este texto me inspira a dizer? Quais sentimentos me despertam? É o momento mais profundo e pessoal de todo o processo orante! É o seu momento. No silêncio fale ao Senhor que está diante de você! (Silêncio e música-ambiente.)

> **Dica:** Após o momento de meditação, quem coordena pode incentivar um momento de partilha.

> **Conclusão:** Neste momento pode-se convidar a todos para cantar, ou rezar, a consagração à Nossa Senhora, pedindo que Maria interceda para que saibamos caminhar com coragem e fé.

ROTEIRO 2

CHAMADOS A COORDENAR

Fundamentação teórica

- Capítulo 1 do livro *Coordenação na catequese... Sobre o que estamos falando?*
- Livro *O pequeno príncipe*"[2]

Preparando a vivência

- Providenciar um cartaz para ser colocado em lugar de destaque, com a frase: "O perfil do coordenador é um ideal a ser conquistado, olhando para Jesus, modelo de Mestre, de servidor e de catequista" (DNC, n. 261).
- Preparar um espaço em que esteja em destaque a Bíblia, o crucifixo, uma vela grande.
- **Dica para o(a) coordenador(a):** Para melhor se preparar para este estudo recomenda-se a leitura do primeiro capítulo do livro. E também as páginas 36 a 57 do livro *O pequeno príncipe*. Mesmo que o trabalho aqui seja orientado para coordenações, é possível adaptar para o perfil do catequista. Vai depender do grupo que se reunir para estudar.

Desenvolvimento do estudo

- Quem coordena acolhe a todos com alegria e destaca a importância do encontro. Bem como a necessidade de buscar a formação para que possamos nos renovar sempre mais em nossa missão de catequistas.

---

[2] Neste livro usamos a edição da Editora Vozes: SAINT-EXUPÉRY, Antoine de. *O pequeno príncipe*: com as aquarelas do autor Antoine de Saint-Exupéry. Petrópolis: Vozes, 2015 [Tradução de Rodrigo Tadeu Gonçalvez].

- A partir do ponto 1.1, quem coordena o estudo convida os participantes a conversar sobre como deve ser um catequista/coordenador. (Deixar que os participantes expressem sua opinião.)
- Após essa primeira conversa, dividir pequenos grupos (pelo menos 5) para o estudo do livro *O pequeno príncipe*. (Importante: esse é o momento apenas de dividir os grupos e orientar o estudo, não precisa mais explicações.)
- O estudo a ser realizado pelos grupos é das páginas 36 a 57 do livro *O pequeno príncipe*. E será assim dividido:
  - Grupo 1: Capítulo X (páginas 36-41).
  - Grupo 2: Capítulos XI e XII (páginas 42-45).
  - Grupo 3: Capítulo XIII (páginas 45-49).
  - Grupo 4: Capítulo XIV (páginas 49-53).
  - Grupo 5: Capítulo XV (páginas 53-57).
- Cada grupo irá conhecer alguns "planetas" com o pequeno príncipe.
- Ler o texto e identificar quem é o habitante do planeta que o pequeno príncipe visita.
- Tentar relacionar o personagem com a pessoa do catequista/coordenador. Fazer um registro por escrito para apresentar no grande grupo.
- Uma pergunta para orientar a reflexão: **Como seria um(a) catequista/coordenador(a) de acordo com o habitante que o príncipe encontra em cada planeta?**
- Deixar um tempo para que os grupos leiam o texto e respondam à pergunta. Depois do estudo nos grupos, promover um plenário para que cada grupo apresente sua resposta.

> **Dicas:** Se for necessário mais grupo, basta acrescentar nas divisões acima. Não tem problema que mais de um grupo estude o mesmo personagem. Também pode-se pedir que, ao invés de só ler, o grupo apresente, de maneira criativa, o estudo que fez.

Depois da apresentação dos grupos, quem coordena pode, com base nos pontos 1.2 e 1.3 do livro *Coordenação na catequese... Sobre o que estamos falando?*, conduzir a reflexão para enfatizar os aspectos que o catequista/coordenador é chamado a trabalhar para melhor desempenhar sua missão.

> **Dica:** Quem coordena pode, novamente, solicitar que os grupos se reúnam e pedir que, a partir do ponto 1.3, os próprios participantes façam as devidas comparações com os personagens do livro *O pequeno príncipe*. Nesse caso, serve de apoio para os grupos os n. 261-268 do DNC. Se optar por um segundo trabalho em grupo, quem coordena prepara um momento de partilha do estudo com o pequeno grupo.

> **Conclusão:** Neste momento pode-se convidar a todos para cantar, ou rezar, a consagração à Nossa Senhora, pedindo que Maria interceda para que saibamos caminhar com coragem e fé.

> **Sugestão:** Pode-se pedir que os catequistas retomem o estudo realizado e se surgir alguma dúvida que tragam para o próximo encontro. Marcar data, local e horário do próximo.

ROTEIRO 3

MISSÃO DE COORDENAR

Fundamentação teórica:

- Capítulo 2 do livro *Coordenação na catequese... Sobre o que estamos falando?*
- Diretório Nacional de Catequese, n. 314-330.

Iluminação bíblica: "Jesus aproximou-se e pôs-se a caminhar com eles... explicou-lhes, em todas as Escrituras, o que se referia a Ele... depois que se pôs à mesa com eles, tomou o páo, pronunciou a bênção, partiu-o e deu a eles... então um disse ao outro: "Não estava ardendo nosso coração quando Ele nos falava pelo caminho e nos explicava as Escrituras... Naquela mesma hora, levantaram-se e voltaram para Jerusalém" (Lc 24,15.27.30.32.33).

Preparando a vivência

- Acolher a todos e destacar a importância da formação.
- Apresentar uma breve síntese da fundamentação teórica para o encontro.
- Encaminhar os grupos para um momento de estudo e reflexão.
- Neste roteiro a fundamentação teórica é para quem coordena, ou se for o caso, pode ser lida e estudada com o grupo todo. Quanto à vivência será uma interiorização dessa fundamentação; ou seja, após estudar, os participantes são convidados a olhar para a realidade em que estão inseridos e construir o caminho da catequese.

Materiais para a vivência

- Um tecido grande, na cor marrom, que simula um caminho.
- Três pedaços de tecido (não precisa ser muito grande), um vermelho e outros de duas cores variadas.
- Folhas de sulfite (em torno de 10 para cada grupo), pincéis atômicos e tesoura.

Passos para a vivência

- Dividir os pequenos grupos (em torno de 5 grupos).
- Um membro de cada grupo vai até quem coordena para receber as instruções.
- Cada grupo será convidado a se debruçar sobre a realidade catequética na qual está inserido, seja a paróquia ou diocese.
- Cada grupo será responsável por um símbolo.

Grupo 1: Qual chão meus pés pisam?

Símbolo: Pés

- O grupo deve olhar para a própria realidade e buscar responder as seguintes perguntas:
  - Qual o maior desafio enquanto coordenador (ou catequista, conforme o grupo que se reúne para o estudo)?
  - Qual nossa maior riqueza enquanto coordenador (ou catequista, conforme o grupo que se reúne para o estudo)?
  - Qual acompanhamento é mais urgente hoje na catequese?
- Após a partilha, o grupo deve **desenhar o símbolo que lhe corresponde, recortar e escrever as respostas das perguntas**.
- Escolha uma música ou refrão para cantar no momento em que for solicitada sua apresentação para o grupo todo.

Grupo 2: Quais palavras nos guiam?

Símbolo: BOCA

- O grupo deve olhar para a realidade formativa na qual está inserido, qual o auxílio que recebe, ou o que deve buscar. Pode ajudar na reflexão responder às seguintes perguntas:
  - Quais os conteúdos que nos desafiam hoje?
  - Quais palavras considero importantes na missão que hoje sou chamado a exercer?
  - Quais temas para formação de catequistas são mais urgentes hoje?
- Após a partilha, o grupo deve **desenhar o símbolo que lhe corresponde, recortar e escrever as respostas das perguntas**.
- Escolha uma música ou refrão para cantar no momento em que for solicitada sua apresentação para o grupo todo.

Grupo 3: Quais ações queremos realizar?

Símbolo: MÃOS

- O grupo deve olhar para as ações realizadas em sua paróquia/diocese. Pode ajudar na reflexão responder as seguintes perguntas:
  - Quais as principais ações catequéticas em sua paróquia?
  - Quais compromissos precisamos assumir sem demora?
- Após a partilha o grupo deve **desenhar o símbolo que lhe corresponde, recortar e escrever as respostas das perguntas.**
- Escolha uma música ou refrão para cantar no momento em que for solicitada sua apresentação para o grupo todo.

Grupo 4: O que faz nosso coração arder?

Símbolo: CORAÇÃO

- O grupo deve considerar os sentimentos que envolvem a catequese e a realidade paroquial. Conversar sobre a espiritualidade dos coordenadores ou dos catequistas, sua importância e necessidade. Pode ajudar na reflexão responder às seguintes perguntas:
  - Como cuidamos de nossa espiritualidade pessoal?
  - Quais sentimentos são mais intensos na catequese?
  - O que inquieta nosso coração em relação à catequese?
- Após a partilha, o grupo deve **desenhar o símbolo que lhe corresponde, recortar e escrever as respostas das perguntas**.
- Escolha uma música ou refrão para cantar no momento em que for solicitada sua apresentação para o grupo todo.

Grupo 5: Por-se a caminho é preciso!

Símbolo: SANDÁLIAS

- Neste momento o grupo deve olhar para o futuro! É preciso ter atenção aos desafios e projetar metas. É preciso retomar o caminho sempre. Pode ajudar na reflexão responder às seguintes perguntas:
  - Quais compromissos precisamos assumir sem demora?
  - Qual caminho precisamos retomar?
  - De qual caminho precisamos nos afastar?
- Após a partilha, o grupo deve **desenhar o símbolo que lhe corresponde, recortar e escrever as respostas das perguntas**.
- Escolha uma música ou refrão para cantar no momento em que for solicitada sua apresentação para o grupo todo.

PASSOS PARA A PARTILHA NO GRANDE GRUPO

- Cada grupo, quando solicitado, deve:
  - Ler o que escreveu nos desenhos. Não é preciso comentar as respostas.
  - Enquanto os desenhos são colocados no caminho, o grupo canta o refrão, ou música escolhida.

Construção do caminho com o grande grupo: Após o trabalho nos grupos, o coordenador orienta a "construção" do caminho inspirado pelo texto bíblico de Lc 24,13-35. Seria interessante se o(a) coordenador(a) conseguisse contar o texto bíblico e interagir com os grupos à medida que eles vão se apresentando.

Conclusão: Neste momento pode-se convidar a todos para cantar, ou rezar, a consagração à Nossa Senhora, pedindo que Maria interceda para que saibamos caminhar com coragem e fé.

Sugestão: Pode-se pedir que os catequistas retomem o estudo realizado e se surgir alguma dúvida que tragam para o próximo encontro. Marcar data, local e horário do próximo.

Roteiro 4

A MISSÃO DE COORDENAR A FORMAÇÃO DE CATEQUISTAS

Fundamentação teórica

- Capítulo 2 do livro *Coordenação na catequese... Sobre o que estamos falando?*
- Diretório Nacional de Catequese, n. 269-270.

Preparando a vivência

- Acolher a todos e destacar a importância da formação.
- Apresentar uma breve síntese da fundamentação teórica para o encontro.
- Encaminhar os grupos para um momento de estudo e reflexão.
- Neste roteiro a fundamentação teórica é para quem coordena, ou se for o caso, pode ser lida e estudada com o grupo todo. Quanto à vivência, será uma interiorização dessa fundamentação, ou seja, após estudar, os participantes são convidados a refletir sobre a importância da formação na vida do catequista.

Materiais para a vivência

- Lápis de cor, canetinhas, pincel atômico e tesoura.
- Um tronco com raiz e galhos de uma árvore (pode ser desenhada em TNT, EVA ou papel).

Passos para a vivência

- Dividir os participantes em três grupos. Se o número de participantes permitir mais grupos, basta repetir os passos conforme os grupos.
- Um membro de cada grupo vai até quem coordena para receber as instruções.
- Cada grupo tem uma parte da árvore para construir.
- Cada grupo deve ler o texto recebido e conversar sobre as perguntas propostas.
- O estudo em grupo terá a duração de uma hora.

GRUPO 1: Formação? Por quê?

PARTE DA ÁRVORE: A raiz.

ATENÇÃO: O grupo deverá desenhar raízes de árvore.

- Conversar sobre as questões:
  - De acordo com sua experiência de catequista e de coordenador, bem como com sua realidade paroquial, qual ou quais conteúdos você considera essenciais na formação do catequista?
  - Qual a importância da formação na vida de um catequista?
  - Qual ou quais o(s) maior(es) desafio(s) na formação do catequista?
- Escolher palavras que sintetizem a reflexão do seu grupo. Também podem ser as respostas das perguntas acima.
- Desenhe as raízes e escreva no desenho as respostas das perguntas.

- Escolha uma música ou refrão para cantar no momento em que for colocar os desenhos na árvore.
- Escolher alguém que irá apresentar a síntese do que seu grupo refletiu.

GRUPO 2: Formação de catequistas. Para quê?

PARTE DA ÁRVORE: As folhas.

ATENÇÃO: O grupo deverá desenhar folhas de árvore.

PASSOS PARA A CONSTRUÇÃO NO PEQUENO GRUPO:

- Diz o Diretório Nacional de Catequese em seu n. 269, citando o Diretório Geral: "A formação do catequista requer um conhecimento adequado da mensagem que transmite e ao mesmo tempo do interlocutor que a recebe, além do contexto social em que vive". Com base nesse número do DNC conversem sobre as seguintes questões:
  - Quais frutos buscamos com a formação?
  - Concretamente o que você alcançou por meio da formação?
  - Sua paróquia tem um projeto formativo para catequistas? Como ele se desenvolve?
- Escolher palavras que sintetizem a reflexão do seu grupo, também podem ser as respostas das perguntas acima.
- Desenhe as folhas e escreva no desenho as respostas das perguntas.
- Escolha uma música ou refrão para cantar no momento em que for colocar os desenhos na árvore.
- Escolher alguém que irá apresentar a síntese que seu grupo refletiu.

GRUPO 3: Instrumentos para a formação: como formar-se?

PARTE DO CENÁRIO: Instrumentos que ajudam no crescimento da árvore.

ATENÇÃO: O grupo deverá desenhar os instrumentos de jardinagem que auxiliam no cultivo de uma planta.

- Diz o Diretório Nacional de Catequese: "A formação dos animadores de catequese dá-se de forma sistemática e permanente e também de maneira assistemática no cotidiano da vida. No processo formativo, em primeiro lugar, se coloca a comunidade cristã" (DNC, n. 278). Inspirados por este número do DNC conversem sobre as seguintes questões:
  - No perfil do catequista encontramos que o catequista é "pessoa que busca, constantemente, cultivar sua formação" (DNC, n. 267). Em sua realidade, como esse cultivo acontece?
  - Quais instrumentos contribuem para sua formação de catequistas?
  - E a espiritualidade? Também faz parte do processo formativo do catequista?
- Escolher palavras que sintetizem a reflexão do seu grupo. Pode-se usar as respostas das perguntas acima.
- Desenhar os instrumentos de jardinagem (adubo, tesoura, regador etc.) e escrever nos desenhos as respostas das perguntas.
- Escolha uma música ou refrão para cantar no momento em que for colocar os desenhos na árvore.
- Escolher alguém que irá apresentar a síntese do que seu grupo refletiu.

PASSOS PARA A PARTILHA NO GRANDE GRUPO

- Essa apresentação deve seguir os seguintes passos:
  - Ler a síntese que seu grupo preparou. Não é preciso comentar as respostas.
  - Enquanto os desenhos são colocados na árvore, cantar o refrão (ou música) escolhido.

Montagem da árvore com o grande grupo: Já deve estar em um lugar de destaque (preferencialmente no chão) o desenho do tronco da árvore. Após o trabalho nos grupos, quem coordena orienta a montagem da árvore seguindo a ordem dos grupos e dos símbolos que foram chamados a construir.

Conclusão: Neste momento pode-se convidar a todos para cantar, ou rezar, a consagração à Nossa Senhora, pedindo que Maria interceda para que saibamos caminhar com coragem e fé.

REFERÊNCIAS

Bíblia Sagrada. Brasília: Edições CNBB [Tradução da CNBB].

CNBB. *Iniciação à vida cristã*: itinerário para formar discípulos missionários (Documento 107). Brasília: Edições CNBB, 2017.

_____. *Cristãos leigos e leigas na Igreja e na sociedade.* Brasília: Edições CNBB, 2016.

_____. *Diretório Nacional de Catequese.* Brasília: Edições CNBB, 2006.

CONGREGAÇÃO PARA O CLERO. *Diretório Geral para a Catequese.* 2. ed. São Paulo: Paulinas, 1999.

LÓPEZ, Miguel Angel Gil. In: *Dicionário de Catequética,* verbete: organização diocesana de catequese. São Paulo: Paulus, 2004.

PAPA FRANCISCO. *Evangelii Gaudium:* a alegria do Evangelho. São Paulo: Paulinas, 2013.

SAINT-EXUPÉRY, Antoine de. *O pequeno príncipe*: com as aquarelas do autor Antoine de Saint-Exupéry. Petrópolis: Vozes, 2015 [Tradução de Rodrigo Tadeu Gonçalvez].

VV.AA. *Crescer em comunhão* – Catequese Eucarística. 30. ed. Petrópolis: Vozes, 2014 [Coleção Crescer em Comunhão. Vol. 3. Livro do catequista].